BERTHE
Le Silence de ma Mère

De la même auteure

BERTHE

My Mother's Silence

Traduction du livre original par

Yvonne Leblanc Bennett

Marie-Berthe Leblanc

BERTHE
Le Silence de ma Mère

Autobiographie romancée

MARIE-BERTHE LEBLANC

ISBN-978-2-9818339-0-7

eBook: ISBN 978-2-9818339-2-1

www.MarieBertheLeblanc.com

Par amour pour mes deux mères

Remerciements

Suite à l'écriture de ce livre, une étape cruciale s'impose, celle de la correction du texte. Cette phase délicate de la rédaction consiste à corriger les fautes d'orthographe et à assurer la fluidité du contenu. Ainsi, pour rendre la lecture claire et engageante, j'ai eu le privilège d'être accompagnée par une collaboratrice d'exception:

Suzanne Brassard

La qualité et l'exactitude des suggestions de cette spécialiste du mot juste ont amené ce livre à un niveau auquel seule, je n'aurais pu accéder. Je garderai un souvenir de nos fous rires et de nos larmes, pendant nos rencontres au petit café du coin, pour peaufiner cet ouvrage.

Merci de tout cœur, Suzanne !

Préambule

Je suis née le 30 juillet 1951. Dans les années '50, à l'époque de la Grande Noirceur, la religion catholique imposait ses lois et sa volonté aux Canadiens français. Dans ce contexte sévère, une jeune fille « qui était tombée enceinte » sans être mariée avait commis une faute grave. Elle faisait la honte de la famille et était très mal vue de la société. Aussi, pour empêcher les commérages, on l'envoyait dans un endroit éloigné, à l'insu de tous, ou bien, on enfermait la malheureuse au couvent, chez les « bonnes sœurs » comme on appelait les religieuses du temps.

Pour les plus jeunes à la maison, pour la parenté et le voisinage, le père et la mère devaient justifier l'absence de leur fille enceinte en racontant qu'elle était aux études en ville ou partie travailler à la campagne. On inventait une tapisserie de mensonges bien étoffés pour éviter le scandale. Personne ne devait être au courant que l'exilée avait eu un bébé.

Certains de ces enfants illégitimes restaient dans la famille, mais la plupart étaient donnés en adoption. Ils savaient peut-être qu'ils étaient adoptés ou ils l'apprendraient un jour, parfois vingt, trente ou quarante ans plus tard.

Berthe est l'une de ces enfants.

Table des Matières

Préambule 9

Table des Matières 11

1. Ma sœur arrive de la Floride 13

2. Une révélation choc 19

3. À la recherche de preuves 27

4. Inconcevable ! 45

5. À plus tard les explications... 49

6. La douleur de savoir 53

7. Justine et Fred 59

8. Un incontournable face-à-face 65

9. Mon cri du cœur 71

10. Qui est mon père? 77

11. Le bon choix 83

12. Une grossesse cachée 87

13. Ma naissance 91

14. Ma vie bascule... 95

15. Mon identité 101

16. L'abandon 107

17. La crise 113

18. Justine raconte 121

19. Mes étés en famille 127

20. Rien n'a changé, sauf que... 131

21. La suite... 135

Épilogue 141

Mise à jour de la loi au Québec 145

1. Ma sœur arrive de la Floride

J'habite à Charlesbourg en banlieue de Québec. Aujourd'hui, ma grande sœur Yvonne arrive en visite chez moi comme elle le fait à tous les ans. Cette année, ses vacances du mois d'août ont été devancées; elle veut que nous soyons ensemble pour notre mère qui est entrée d'urgence à l'hôpital.

Chaque été, ma sœur quitte sa splendide villa en Floride pour passer trois semaines avec ma petite famille. Il n'y a plus de plaisir pour elle à venir festoyer dans la neige au Carnaval de Québec comme autrefois. Le froid glacial des hivers québécois lui est devenu insupportable.

J'enfile ma robe soleil aux couleurs estivales qui reflètent mon caractère jovial et coloré. Je vais chercher Yvonne, mon unique sœur, à l'aéroport de Québec. J'ai hâte de la revoir. L'avion a déjà atterri. Au loin, je repère un visage au teint basané et une démarche fière et combien familière. Après une chaleureuse accolade, bagages en main, nous préparons notre itinéraire de la journée, en nous dirigeant droit vers l'hôpital Jeffrey Hale où maman a été admise il y a trois jours.

Au téléphone hier après-midi, j'ai parlé au docteur qui soigne maman. Il m'a confirmé qu'elle est hors de danger. Il a ajouté :

> —Nous avons prescrit des médicaments à madame Migneault pour qu'elle ne souffre pas puisque la cause de ses malaises n'a pas encore été identifiée. D'ici les prochains jours, elle devra passer des examens approfondis afin que l'on découvre d'où provient la douleur dans son ventre ballonné. Mais, ne vous inquiétez pas, tout est sous contrôle et elle va bien.

À notre arrivée à la chambre d'hôpital, papa est au chevet de maman. Il s'est rendu en taxi, tôt ce matin. Le fidèle compagnon des soixante dernières années, son beau Fred, n'a jamais vu sa femme aussi malade. L'air fatigué, démuni et impuissant, il tient délicatement la main de maman dans la sienne. En nous voyant entrer, il nous reçoit avec son beau sourire moustachu.

—Votre mère dort. Elle dort beaucoup mais elle va bien, nous chuchote-il en se levant péniblement.

Nous nous approchons de lui sur la pointe des pieds pour l'embrasser. À voix basse, Yvonne nous raconte son arrivée en avion et l'inquiétante turbulence juste avant l'atterrissage. Malgré les paroles sécurisantes du pilote, certaines personnes se sont mises à paniquer et des enfants pleuraient. Yvonne, elle, détendue en apparence, sentait son cœur battre plus vite que le défilement de ses prières. Elle nous dit que finalement, il y a eu plus de peur que de mal et que tous les passagers étaient extrêmement soulagés de remettre les pieds sur la terre ferme.

Maman se réveille. La médication l'a mise dans un état léthargique qu'elle tente de combattre. Puis elle me voit...

—Bonjour Ti-Bette.

—Bonjour maman. J'ai une surprise pour toi, regarde !

Se retournant légèrement, elle croit rêver en voyant sa fille ainée devant elle alors qu'elle l'imaginait sur «son» terrain de golf à Miami. Elle s'empresse de la rassurer :

—J't'attendais pas... j'suis ben contente de t'voir icitte Yvonne. Mais... fais-toé z-en pas, j'mourrai pas tout d'suite. Dis-moé pas que Ti-Bette t'a inquiétée pour que tu t'en viennes ? Tu vois... j'vas ben...

—Moi aussi je suis contente de te voir maman. C'est vrai que tu as l'air bien. Quand j'ai su que tu étais à l'hôpital, j'ai décidé de venir un peu plus tôt que prévu, c'est tout.

—O.K. comme ça t'es pas v'nue parce que tu pensais que j'allais mourir?

Yvonne lui répond en la taquinant:

—Mais non maman. Je pense pas que tu vas mourir. On sait bien que c'est toi qui vas tous nous enterrer!

Plus sérieusement, Yvonne ajoute :

—Est-ce que tu es bien ici ? En tout cas, tu peux les laisser prendre soin de toi. Berthe et moi on va se relayer pour s'occuper de papa. Mais es-tu vraiment bien ici maman ?

—Oui. Tout l'monde est aux p'tits oignons pour moé. Si j'dormais pas tant, j'pourrais en profiter un peu plus comme si j'serais au Château Frontenac.

—Bon, bon, bon, maman... Là, je vois que tu vas vraiment mieux !

Je m'approche de papa en disant à ma sœur :

—La journée a été bien longue Yvonne. Que dirais-tu qu'on ramène papa à la maison ?

Nous avons de la peine pour ce Madelinot de souche, qui s'est forgé un quotidien simple et sans remous. Il est perdu sans Justine, sa bien-aimée. Aujourd'hui, dans les yeux de notre papa-ours, on lit son désir de retrouver sa quiétude habituelle.

Je lui suggère finement :

—Papa, viens donc rester avec nous autres, en attendant que maman sorte de l'hôpital...

—Non Ti-Bette. J'aime mieux m'en r'tourner chez-nous, dans mes affaires.

2. Une révélation choc

Enfin chez-moi. Tout mon petit monde va bien, je suis rassurée. Yvonne est là, maman est entre bonnes mains à l'hôpital et papa est en sécurité chez lui. Bob, mon mari, travaille jusqu'à tard ce soir et les enfants sont au camp d'été.

Yvonne et moi pouvons donc retrouver nos vieilles habitudes, devenues un rituel au cours des ans. Nous nous installons dehors en ce soir de pleine lune, assises à la table de pique-nique pour reprendre notre divertissement favori: le Skip-Bo[1]. Nous nous voyons si rarement que ce tête-à-tête est pour nous, en fait, un

---

[1] Ce jeu de cartes consiste à accumuler des séries dans un ordre croissant et à concocter quelques astuces pour se débarrasser de son paquet de cartes la première. Celle qui réussit, gagne!

prétexte aux confidences et à la mise à jour de notre quotidien respectif.

Nous sommes impatientes de partager ces périodes de bonheur, comme un réconfortant soleil d'été après un hiver rigoureux. Ce soir, ni la fatigue ni l'heure tardive ne nous privera de la joie de nous divertir dans ce cadre ludique.

On commence par parler de l'état de santé de maman, puis du diabète de papa, bien sûr. J'explique combien sa condition physique s'est fragilisée depuis qu'il s'est cassé la hanche en prenant sa marche quotidienne. Papa et maman sont un couple solide et fusionnel. Ils traversent un passage difficile. Rien de plus naturel pour nous, les filles, que de soutenir nos parents vieillissants.

Nous jouons aux cartes et la conversation va bon train. Je remarque l'air absent d'Yvonne. Quand je lui parle, je vois bien qu'elle est ailleurs... *On dirait qu'elle a tiré les mauvaises cartes... Yes !*

J'interroge ma lunatique partenaire de jeu:

—Qu'est-ce qui se passe Yvonne ? Rassure-toi, maman est hors de danger.

Elle me répond en marmonnant :

—Non, c'est pas ça.

—Alors, tu sens déjà la défaite pas très loin? Je peux comprendre !

C'est à ce moment très précis, le mercredi 22 juillet à 9h07 du soir, que ma sœur Yvonne me fait la troublante révélation :

—Berthe, il faut que je te dise... maman c'est pas ta mère.

Elle me lance cette phrase tout d'un trait, dans un élan qu'elle aurait attrapé en plein vol.

—Ben voyons donc! Essaies-tu de me déconcentrer? J'entends que tous les moyens sont bons pour gagner... Allez, joues ! Tu t'en sortiras pas comme ça, ma belle !

Mais Yvonne n'a pas l'air de plaisanter... Je me dis : *elle est assez compétitive, elle est prête à tout pour me distraire, mais là je trouve qu'elle exagère un peu.*

Elle me répète avec insistance mais d'une voix douce:

—Berthe, maman c'est pas ta mère . . .

Là, c'est clair qu'elle est sérieuse ! Un grave silence s'installe entre nous, un très, très long silence...

—Non, mais... Est-ce que c'est maman qui t'a dit ça ?

Cette énormité me frappe comme une bombe. C'est absolument insensé! Mon imagination s'embrouille...je ne suis plus capable de penser. Des scénarios confus flashent dans ma tête qui tourne. Je n'y comprends rien!

—Ah non? Maman n'est pas ma mère? Alors, toi qui a l'air de tout savoir, dis-moi donc: c'est qui ma mère?

—J'ai fait la promesse de ne jamais révéler ce grand secret, mais aujourd'hui je dois rompre mon serment.

Son regard intense m'hypnotise. Elle me prend les mains et me pose une question profonde, à en croire l'expression de ses yeux :

—T'es-tu jamais demandé pourquoi nous avons 20 ans de différence, toi et moi ?

—Non, pourquoi j'aurais fait ça ? Plus jeune, dans ma période d'inquisition, maman m'a raconté qu'elle m'avait eue à son « retour d'âge» et que j'étais un petit accident, un beau petit accident avec ça! Je me souviens qu'elle m'a même parlé de la cigogne quand j'étais plus petite.

Je fais une courte pause et tout d'un coup, l'équation de l'âge me frappe d'aplomb :

—Attends, attends, qu'est-ce que tu dis là, Yvonne? Es-tu en train de me dire que c'est toi... c'est TOI ma mère? Bien, voyons donc ! Arrête de me niaiser, je te trouve pas drôle du tout !

Je ne ris plus car Yvonne a les yeux rivés sur moi, elle semble chercher les mots appropriés pour poursuivre sa confession. Elle laisse s'écouler d'interminables secondes, puis sur un ton grave, elle me déclare :

—Oui, c'est ça que j'essaie de te dire, Berthe... C'est moi ta mère ! Justine c'est pas ta mère, c'est ta grand-mère.

Yvonne redevient silencieuse, en attente du ressac du tsunami qu'elle a provoqué. Je suis assommée par cette déclaration qui semble sortir de nulle part. « *Est-ce que ça se peut ? Ma foi, je pense qu'elle est folle!* »

Mon cœur s'arrête de battre.

Je suis figée comme une statue de plâtre. Abasourdie par cet aveu, moi qui suis transparente, un livre ouvert, j'apprends soudain que ma sœur m'a affreusement trompée jusqu'à ce jour. Mon univers de confiance vient de s'écrouler.

Je ne peux pas y croire... je l'aurais su... comment est-ce que... Ma mère n'est pas ma mère... c'est quoi cette histoire?

Une tempête me renverse et tout mon être est chaviré par des vagues de colère et de peine. Je disjoncte pendant quelques minutes. Graduellement, je reprends mes esprits et je cherche à m'accrocher à un ancrage tangible, quel qu'il soit. Je n'en trouve aucun. Tout est flou.

Témoin de ce raz-de-marée, Yvonne le laisse passer et attend la suite de ma réaction. Je sors de ma stupeur, j'interpelle ma sœur, ma mère, je ne sais plus comment la nommer :

> —On est les plus grandes amies du monde depuis que je suis née ! Si c'est vrai que tu es ma mère, pourquoi as-tu attendu 38 ans pour me le dire? Tu penses pas que j'avais le droit de connaître la vérité? 38 longues années de mensonges, dans ma face à part ça... moi, ta grande chum!

Je bouille en dedans! Ma matière grise tente obstinément de m'expliquer cette grossière imposture pendant que mon cœur souffre de la plus grande trahison de sa vie.

3. À la recherche de preuves

Je veux poser un tas de questions à Yvonne mais j'en suis empêchée parce que Bob arrive à l'improviste et se joint à nous. Il souhaite la bienvenue à Yvonne et lui demande si elle a fait un bon voyage.

Il doit penser « *Yvonne n'est pas enjouée et spontanée comme d'habitude* ». Il se rend bien compte qu'il a interrompu quelque chose.

D'un air embarrassé, il se risque à demander :

—Hé, les filles ! Qu'est-ce qui se passe ici? L'air est à couper au couteau !

—Ben non, tout va bien, lui dis-je d'un ton sec qui le dissuade de toute discussion.

Robert est anglophone et se fait appeler Bob. Un nom plus jeune qui lui ressemble, croit-t-il. Il a tous les talents: électronique, construction, mécanique et tout ce qui demande de la dextérité. C'est un « bon jack ». Depuis que nos deux fils sont partis au camp d'été pour tout le mois de juillet, il a l'impression d'être un peu en vacances.

Moi je suis trop ébranlée, je ne veux pas… je ne peux pas… parler de ce qui est en train de m'arriver… Les mots me manquent pour décrire ce qui se passe en moi présentement. Je suis désorientée, choquée, j'en ai le souffle coupé. Il n'y a plus qu'un lourd silence entre Yvonne et moi.

C'est Bob qui le rompt ce silence :

—Bonne nuit les filles. Moi je suis crevé. Je prends une douche et je vais me coucher.

—Bonne nuit Bob. Je ne m'endors pas, je jase avec Yvonne.

Oups…Il n'y aura pas de jasette ce soir puisqu' Yvonne se lève en me disant « bonne nuit ».

Seule… je suis bouleversée et je tente de trouver un sens à ce que je viens d'entendre. Cette histoire dépasse l'intelligence de mon cœur, je m'adresse donc à mon esprit rationnel. Demain, Yvonne sera inondée par les questions qui déferlent dans ma tête.

Je me dirige droit vers la bibliothèque où sont rangés les albums de photos de famille. Dans une petite chambre à peine éclairée, je m'allonge par terre devant les photos méthodiquement classées. Je suis décidée à trouver un indice, si minime soit-il… Je cherche quelque part, au travers de ces images, un signe qui m'aurait échappé pendant toutes ces années… une trace qu'Yvonne aurait laissé transparaitre et qui prouverait que je suis vraiment sa fille.

Je commence par l'album identifié « 1950 à 1960 ». Les photos sont en noir et blanc et à peu près toutes jaunies. Je remarque qu'il n'y en a pas beaucoup de l'époque où je suis née. Je m'arrête sur cette photo, un portrait d'hiver, empreint de tendresse : c'est maman avec son sourire coquin, Yvonne collée sur papa et Jim[2] qui me tient dans ses bras. Je me trouve mignonne avec mes cheveux bouclés. J'ai une impression de déjà-vu devant cette scène mais rien pour m'éclairer . . .

Fébrile, j'analyse avec émotion chacune des photos sur lesquelles on me voit. Ma préférée c'est le pique-nique aux pieds des Chutes Montmorency à Québec avec ma tante Rose. Cette jolie châtaine, la sœur cadette de maman, m'y avait amenée quand j'avais cinq ans. Je sens l'air frais des chutes sur ma peau, je savoure encore le sandwich aux bananes et je ressens la tendre présence de ma douce marraine en cette journée d'été mémorable.

Ma tante Rose est décédée beaucoup trop tôt, alors que je n'avais que six ou sept ans. Tous ses proches étaient exaspérés par la mauvaise conduite de Marcel, son mari alcoolique. « Vous allez voir... avec de la patience, je vais finir par le faire arrêter de boire » disait-elle avec conviction. On a raconté que très tard ce soir-là, Marcel n'était pas encore à la maison, mais Rose ne s'inquiétait

---

[2] Jim était le mari d'Yvonne.

pas, car elle savait où le trouver. Comme à tous les jours de paye et malgré ses promesses, il s'était arrêté à la taverne pour se souler avec ses compagnons de beuverie. Chaque fois c'était pareil : il dépensait tout son argent et oubliait ses responsabilités.

C'était un soir d'hiver glacial. Rose, enceinte de huit mois, est allée à pied ramasser son mari ivre-mort, le trainant tant bien que mal jusqu'à leur petit appartement à un coin de rue de là. On a dit qu'à cause de cet effort démesuré, Rose a perdu le bébé qu'elle portait et qu'elle en est morte. Quelle tragédie!

Moi, je me souviens d'avoir appris sa mort en rentrant du pensionnat. Maman m'a délicatement informée que je ne reverrais plus ma tante Rose, qu'elle était allée rejoindre les anges au ciel. Je me souviens aussi d'avoir beaucoup pleuré à ce moment-là, et je la pleure encore.

À la limite, si j'avais eu alors la moindre incertitude sur mes origines, c'est elle que j'aurais imaginée être ma mère. Au cours des ans, j'avais entendu à travers les branches, mais surtout de la langue sale des commères, que ma marraine avait eu une petite fille six ou sept ans plus tôt. Personne ne semblait connaître la suite... Ma tante chérie devait prendre une si grande place dans ma vie qu'on m'a donné Rose comme deuxième prénom : Berthe Rose.

Évidemment, si Rose avait été ma mère, on ne m'aurait pas donné son nom !

Ma belle et douce marraine

Un souvenir mémorable

Berthe et Rose, Pique-nique
aux Chutes Montmorency

Moi à 2 ans

Maman, moi 2 ans, Yvonne

Yvonne et Jim sur « leur » terrain de golf à Long Island, New York - 1962

Papa, Yvonne, moi à 3 ans, Jim et Maman

Moi, 5 ans

Mon premier été à New York chez Yvonne et Jim avec leurs enfants Jimmy et John - 1963

Yvonne 40 ans

Justine – 60 ans

Justine et Fred 1937

Jeunes mariés

Justine et Fred 1937

Justine et Fred 1997 –

60 ans de mariage

4. Inconcevable !

En pleine nuit, je suis totalement absorbée par mes recherches, je ne ressens même pas la fatigue. Les unes après les autres, chacune de ces photos me ramène aux fêtes et aux anniversaires, comme dans un film en continu.

Je m'attarde sur une photo de famille où les oncles, les tantes, les cousins et les cousines sont rassemblés à la maison. Étant l'ainée, maman les recevait à chaque dimanche. Tous sans exception, comme les grands gourmands qu'ils étaient, ils entraient joyeusement chez cette cuisinière chevronnée qui avait à cœur de bien nourrir ses invités. Elle s'activait passionnément pour préparer un festin dont le porc constituait le plat de résistance, accompagné de navets, de carottes et de patates pilées. Au dessert, un délectable pouding chômeur venait réjouir tous les cœurs. Pour arroser ce copieux repas, elle servait aux hommes une bière très froide, une « Dow », et aux femmes, elle versait un grand verre de son fameux « Manoir St-David », un vin blanc peu savoureux et surtout peu coûteux. Jamais maman n'ôtait son tablier blanc immaculé qui protégeait la robe préférée de Fred, son élégante robe rouge; elle le gardait même pour manger à son tour, après que tout le monde eut été servi.

Moi ça m'agaçait qu'ils s'empiffrent allègrement pour déguerpir aussitôt rassasiés. Personne n'offrait le moindre coup de main à maman, ni pour le service ni pour la vaisselle. Je pensais alors que c'était une bande d'ingrats! Ma mère elle, satisfaite et indulgente, n'y voyait aucune irrévérence.

Ce souvenir évoque tout de même de merveilleux instants. Mais je suis terriblement déçue car ça ne m'a rien apporté ! Aucune preuve... Rien !

Étendue par terre, en pensant combien maman s'est dévouée pour nous, je ne peux m'empêcher de verser quelques larmes pour celle qui souffre sans rien dire. Maman malade et hospitalisée : c'est bien loin de la femme forte qui aurait pu soulever des montagnes, il n'y a pas si longtemps. Elle qui n'a peur de rien et qui s'enorgueillit presque d'être « dure pour son corps », jamais on ne l'a entendue se plaindre des écorchures de la vie, ni des petits bobos qu'elle a sûrement déjà eus. Charitable et empathique pour la souffrance des autres, elle ne peut toutefois pas supporter ceux et celles qui s'apitoient sur leur sort et qui se posent en victimes de leur condition. Elle n'a que faire d'eux, à moins qu'ils ne lui demandent conseil, bien sûr ! Mais aujourd'hui, maman n'a pas le choix, c'est à son tour de laisser les autres prendre soin d'elle.

Je continue d'inspecter minutieusement chaque photographie. J'évalue les ressemblances du visage de maman et du mien. Ces photos sont comme un miroir, comme le reflet de l'une et de l'autre: une face de pleine lune, des yeux pétillants et un petit nez arrondi qui nous donne, à elle et à moi, un air espiègle. Régulièrement, de parfaits étrangers nous ont proclamées mère et fille, en lançant:... « Ah, vous deux, vous ne pouvez pas nier que vous êtes la mère et la fille! ». Ça, c'est indiscutable... mais quand j'examine un à un les traits d'Yvonne, c'est clair: on ne se ressemble pas du tout !

Je suis contrariée devant ce fouillis étalé sur toute la surface du plancher de bois franc. J'aurais tant voulu trouver un élément tangible et ne plus entendre les paroles d'Yvonne qui résonnent inlassablement dans mes oreilles :

« Maman c'est pas ta mère ... C'est moi ta mère! »

Je n'en peux plus de ressasser tout ça, en doutant de la déclaration de ma grande sœur. C'est assez! J'en conclus que ce n'est pas ici que je trouverai. Trop fatiguée pour remettre en ordre les albums désorganisés, je les range maladroitement. Je dois abdiquer devant l'appel du sommeil.

Cette incursion dans le passé m'a épuisée le corps et l'esprit. Je me glisse sous les draps et même si je me sais projetée dans un cauchemar, je finis par m'endormir.

5. À plus tard les explications...

Le sommeil m'a plongée dans le plus profond des abîmes, je me réveille en sursaut. Un soleil éclatant perce les rideaux de ma chambre mais je reste couchée, sans bouger, demandant à mon subconscient de me révéler une bribe de mon histoire cachée. Non, il ne me révèle rien. Résolue à tout découvrir, déterminée à abreuver ma soif ardente de savoir, je sors du lit.

Dès son lever, Bob se dirige droit dans son garage pour rafistoler une limousine Cadillac Fleetwood Impérial 1958. Il calcule qu'il lui faudra un minimum de trois mois pour faire fonctionner l'auto comme une neuve.

Je vois qu'Yvonne est déjà installée sur le patio, elle sirote son Postum, une boisson de céréales, étrange solution de rechange pour ceux qui ne boivent pas de café...

Je suis résolue à exiger les détails de l'aveu d'hier :

—Tu as bien dormi Yvonne ?

—Non, je n'ai pas fermé l'œil...

—Moi non plus. J'ai passé une partie de la nuit à fouiller dans les vieilles photos.

—Ah oui ? Moi, je pensais à maman qui est à l'hôpital et aussi à ce que je t'ai dit hier.

—Oui je sais, moi aussi naturellement... Mais bon, on reprendra ça plus tard... J'ai téléphoné au poste de garde de l'hôpital tantôt et l'infirmière m'a rassurée : maman a passé une très bonne nuit. Inutile d'y aller trop tôt, elle va passer des tests et des radiographies tout l'avant-midi. Je lui ai confirmé que nous serions là pour le diner.

Yvonne est mieux d'être prête pour un interrogatoire en règle, parce que moi je le suis ! La curiosité et l'envie d'en savoir encore plus agitent mes pensées et soulèvent un tas de questions. J'ai imaginé reprendre là où nous en étions la veille mais je dois remettre mon investigation à plus tard. L'important aujourd'hui, c'est maman. Ce n'est que partie remise...

—As-tu déjeuné Yvonne ?

—Non, pas encore.

—Bon, alors je vais te faire des crêpes françaises bien minces. Bob va être content, lui aussi raffole des crêpes-maison avec du sirop d'érable.

—Ah oui... tu nous gâtes !

Quelques minutes plus tard, attablés tous les trois dans la cour arrière, nous profitons d'un paysage enchanteur, sur un parterre de pierre des champs bordé de fleurs odorantes. Nous discutons de choses et d'autres et à brûle pourpoint, entre deux bouchées, Bob nous dit tout bonnement :

—Quand je suis arrivé hier, pourquoi vous aviez l'air si étrange, les filles ?

—Rien de spécial. On te racontera ça plus tard, lui dis-je froidement, sans en rajouter.

Il comprend qu'il n'en saura pas plus. Il me connait bien, il n'insiste pas.

Je dévie subtilement le propos :

—Après le repas, Yvonne et moi allons rejoindre maman à l'hôpital puis on revient en fin de journée. Et toi, vas-tu rester avec madame Cadillac de luxe, aujourd'hui ?

—Bien sûr, je vais y travailler toute la fin de semaine. Ah, n'oubliez pas de saluer belle-maman de ma part !

Bien oui « belle-maman »... S'il savait que ce n'est pas celle qui est à l'hôpital !

6. La douleur de savoir

Après le petit-déjeuner, nous sortons les cartes... une belle excuse pour reprendre notre dialogue d'hier, que je considère invraisemblable.

J'observe attentivement Yvonne qui se fait discrète, silencieuse. Elle sait pertinemment qu'on n'en restera pas là... Elle aussi me connait très bien et elle devine ma détermination à aller au bout de cette affaire. Elle a créé une confusion inimaginable dans ma tête et dans ma vie, elle doit s'attendre à ce que je revienne à la charge.

J'attaque en déposant une carte sur la table et je lui raconte :

> —Tu sais Yvonne quand j'avais cinq ou six ans, j'ai eu le culot de demander à maman « *Qu'est-ce qui me prouve que tu es ma mère ?* »

—Ah oui ? Et qu'est-ce qu'elle a répondu ?

—L'étonnement l'a d'abord fait sursauter puis, en ricanant, elle a répliqué « T'as juste à r'garder ton p'tit nez pis l'mien pour comprendre que c'est pareil. Ça, c'est trop frappant, ça trompe pas ! »

Naïvement, je l'ai crue. J'ai cru au petit nez qui ne pouvait pas être celui de la voisine et j'en ai déduit que ce simple fait expliquait que ma mère était bien ma mère. Ensuite, j'ai été envahie par un énorme sentiment de culpabilité. Qu'est-ce qui m'avait pris de lui poser une telle question ? Je m'étais sentie ingrate. Se sentir ingrate devant sa mère à cinq ou six ans, c'est spécial quand même...

Je m'en suis longtemps voulu d'avoir imaginé que Justine aurait pu ne pas être ma véritable mère. Quelle impertinence ! Je m'étais dit que tous les enfants devaient poser cette question à leurs parents... Malgré cela, je ne me suis pas risquée à demander à mes amies si elles aussi avaient eu ce souci, cette crainte... J'avais eu ma réponse, ça me suffisait.

—Moi, cette question ne m'a même pas traversé l'esprit, me confirme Yvonne.

—Ah non, tu n'as jamais pensé que Justine et Fred auraient pu ne pas être tes parents ?

Par cette remarque, je veux valider ma présomption que tous les enfants devaient avoir pensé un jour qu'ils auraient pu être adoptés. Mais moi non plus, je ne l'ai pas pensé pour vrai... Est-ce mon subconscient qui aurait fait naître ce questionnement en moi ?

Suite à cet échange, je reprends un interrogatoire sans merci :

—Pourquoi tu décides de me le dire, maintenant ?

—Je sais... Au début, j'ai cru que tu étais trop jeune et quand tu as grandi, il me semblait qu'il était trop tard. Puis, j'avais surtout peur de ta réaction. J'avais peur de te perdre. J'ai manqué de courage !

Je constate qu'en confessant la faute qui la tourmentait depuis trop longtemps, Yvonne s'en délivre pour toujours. Elle accouche de moi, une seconde fois!

—Berthe, je te jure que depuis cinq ans, à chaque année je venais avec la ferme intention de mettre la vérité au grand jour. De tout mon cœur, je voulais désespérément que tu le saches, mais comment faire? À plusieurs reprises, j'ai prémédité des mises en scènes pour te dire que tu étais ma fille. Mais je n'ai pas été assez habile puisque ça n'a pas marché. Je n'ai jamais pu.

—Pourquoi aujourd'hui ? Pourquoi juste là, tu sens le besoin de m'apprendre que tu es ma mère, après toutes ces années ?

—Tu vois, après la mort de Jim, j'ai voulu faire du ménage en moi. Je venais de trouver Dieu et c'était alors nécessaire que je consolide ce qui était fondamental dans ma vie. Pour m'alléger le cœur et être en paix avec moi-même, il fallait que je réussisse à me pardonner mes fautes et mes erreurs. Enfin, toutes celles que je pouvais identifier.

L'essentiel et le plus difficile à envisager, c'était ma grossesse illégitime et en plus, le fait de te l'avoir cachée.

Je prends quelques minutes pour dénouer ma gorge et, lui tendant les mains au-dessus des cartes pêle-mêle, je lui dis :

—En t'écoutant là, Yvonne, mon cerveau ressemble à un puzzle de dix mille morceaux à reconstituer. Mon cœur est déchiré entre mon amour pour toi et la douleur de savoir que tu m'as trahie. Je n'aurais jamais pu imaginer vivre une pareille histoire, aussi irréelle que celles qu'on voit au cinéma. C'est difficile d'accepter tout ça d'un seul coup, tu comprends ? Mais une chose est certaine, je suis vraiment contente que tu me l'aies avoué.

Émue, Yvonne hoche délicatement la tête. Elle sourit nerveusement en attente de mon verdict. Moi, je la fixe en me demandant : *qu'est-ce que je fais avec ça ?* Puis, je me lève et je l'étreins sans dire un mot.

7. Justine et Fred

À l'instant où la sonnerie du téléphone retentit, Yvonne et moi nous nous séparons d'une étreinte qui nous a réconciliées et a ramené la paix entre nous. C'est l'infirmière responsable du département qui appelle pour nous aviser que maman a eu une soudaine poussée de fièvre.

> —Rien d'inquiétant, me rassure-t-elle, mais le règlement nous demande d'aviser la famille lors d'un changement inattendu de la condition d'un patient.

C'est évident que ma priorité est d'être aux côtés de maman, même si mon esprit réclame une multitude de réponses. J'appelle papa pour qu'il se prépare à nous accompagner. Il ne conduit plus depuis qu'il habite au centre-ville, là où les transports en commun sont accessibles et efficaces.

Suite à une fracture de la hanche, le médecin lui a proposé une marchette qui est beaucoup plus pratique que les béquilles qui lui arrachaient le dessous des bras. Maintenant, il avance péniblement avec cette marchette qu'il s'échine à apprivoiser. Nous allons donc le chercher chez lui, sur la route de l'hôpital.

L'appel de l'infirmière a tracé une fissure d'inquiétude sur le visage de notre père qui n'a pas l'habitude de montrer ses émotions. Mais voilà qu'une pointe d'anxiété et d'irritabilité qu'Yvonne et moi ne lui connaissons pas, le rend un peu gauche et impatient.

En arrivant à l'hôpital Jeffrey Hale, Nicole, l'infirmière en chef de l'étage, vient vers nous en souriant et elle s'empresse de nous annoncer que la fièvre a baissé significativement et que l'état de « sa patiente » est stable. Elle ajoute :

—Dans quelques minutes, le médecin va venir vous informer des résultats des examens qu'elle a passés plus tôt. Malgré son teint un peu grisâtre, votre mère est beaucoup mieux.

Maman est allongée confortablement dans des draps blancs immaculés ; on la sait fragile même si elle se montre forte!

—J'me sens ben mieux à matin mais j'vas m'passer de diner, j'ai pas ben faim.

En la voyant ainsi sans forces, Yvonne et moi décidons dans une entente tacite, de ne rien dire.

—Si vous voulez, attendons que le médecin soit venu voir maman et ensuite, on ira diner tous les trois à la cafétéria au rez-de-chaussée. Qu'est-ce que vous en dîtes ?

Pour la première fois, j'ai hésité en prononçant le mot « maman ». C'est étrange de savoir que Justine n'est pas ma mère mais n'empêche que le nom de « maman» ne saurait appartenir à personne d'autre qu'elle. Même en sachant qu'Yvonne est ma mère biologique, jamais je ne l'appellerai «maman». Ce serait renier celle qui a occupé toute la place d'une mère aimante pendant 38 ans.

Maman c'est maman et Yvonne c'est Yvonne. C'est comme ça et rien n'y changera !

Le médecin généraliste entre dans la chambre, accompagné d'un gastro-entérologue, le Dr Gionchetti, un charmant médecin italien, dans la jeune cinquantaine. Suite aux brèves et cordiales salutations, il résume la situation :

—Madame Migneault souffre d'une rectocolite hémorragique. Nous procéderons à d'autres examens demain pour déterminer l'évolution de cette maladie encore peu connue.

—Est-ce grave docteur ?

—La sévérité de la maladie dépend de son évolution, de sa durée, et des antécédents familiaux de votre mère.

—Ça m'apparait assez complexe...

—Ne vous inquiétez pas. Je vous aviserai dès que nous en saurons davantage. Je vous téléphonerai personnellement pour vous informer de la suite des mesures à prendre.

Les médecins s'adressent à la patiente mais surtout à moi, sa mandataire. À la demande de mes parents, je leur sers légalement d'intermédiaire dans les situations où le jargon des spécialistes s'impose. Par cette initiative, ils sont confiants de prendre des décisions éclairées dorénavant.

J'estime que le moins que je puisse faire, c'est de m'en occuper avec tout l'amour dont je suis remplie, cet amour qui me vient d'eux, mes parents.

8. Un incontournable face-à-face

C'est un papa exténué que nous reconduisons chez lui. Pour réconforter notre père adoré, nous nous montrons optimistes et enthousiastes. Nous tentons de l'encourager avec l'éventualité du meilleur dénouement, mais en réalité, nous ne savons pas comment se terminera ce chapitre concernant sa douce.

Revenues à la maison, complètement épuisées, Yvonne et moi n'avons plus d'énergie pour faire le souper, alors on se met d'accord pour faire livrer une pizza.

À la brunante, nous nous assoyons au salon avec un thé aromatisé et quelques biscuits au gingembre. Je n'ai pas une minute à perdre car après le départ d'Yvonne, il sera trop tard pour une sérieuse discussion les yeux dans les yeux avec ma sœur devenue ma mère dans le temps de le dire. Ce soir, nous mettons le jeu de cartes de côté et nous reprenons notre incontournable face-à-face.

Je vais droit au but :

—Yvonne... Et mon père, c'est qui ?

—Ton père s'appelle Roland. C'était un boxeur que je fréquentais depuis plusieurs mois et dont j'étais follement amoureuse.

—Je pensais que tu m'avais déjà raconté toutes tes affaires de cœur. Je n'avais pas entendu prononcer ce nom avant aujourd'hui. Qui est ce Roland ? Où est-il ? Est-ce que je lui ressemble ?

L'heure est aux aveux, je questionne Yvonne sans relâche. Je sais que je dois rester concentrée pour essayer de décoder cette énigme. C'est plus fort que moi, je fonce...

—Dis-donc, Roland est-il vivant ? Est-ce qu'il sait que j'existe ?

—Allons, allons, pas si vite, réplique délicatement Yvonne. Roland vit encore à Québec.

Il ne boxe plus depuis déjà bien longtemps. Il est chauffeur de taxi. Ah oui ! Crois-moi, tu lui ressembles beaucoup... Tu as son sourire franc et son sens de l'humour. Tu as aussi hérité de sa carrure et de ses jambes athlétiques.

En entendant « jambes athlétiques » je me rappelle qu'un jour, à l'âge de 15 ou 16 ans, j'avais consulté un médecin pour connaître la façon de diminuer la grosseur de mes mollets que je trouvais beaucoup trop gros. À cette époque d'activité intense, j'avais considéré devenir professeur d'éducation physique. J'étais très sportive et ma musculature en faisait foi. Maintenant, je sais que l'origine de mon corps d'athlète vient de la génétique paternelle... Ce n'est assurément pas celle de ma mère biologique qui a été svelte, anémique même toute sa jeunesse. Cette minceur qui n'a rien à voir avec ma solide physionomie!

—Bien sûr que ton père sait que tu existes. Par contre il ignore que tu ne connais rien de lui. Je ne l'avais pas revu depuis au moins trente ans quand je l'ai rencontré l'été dernier, à une fête avec des amis communs. À cette soirée, on était dos à dos, appuyés au bar de la salle de réception. Il m'a entendu discuter avec quelqu'un et, se tournant vers moi, il s'est exclamé : « Yvonne » ! J'ai d'abord dévisagé cet homme qui semblait bien me connaitre, puis je l'ai reconnu à sa voix. Il était aussi jovial que dans sa jeunesse, mais le boxeur costaud que j'avais connu avait évidemment bien changé avec l'âge... Je dirais qu'il ressemble maintenant à l'acteur et humoriste américain, Danny DeVito. Tu le connais ?

—Oui, je vois. Continue . . .

J'évite d'interrompre cette montagne d'informations livrées sans retenue. J'attends la suite.

—Roland, était accompagné de sa femme, qu'il m'a présentée d'ailleurs, et comme je n'avais aucune idée de ce qu'elle savait de nous deux, je n'ai pas été très bavarde. L'atmosphère était légère, Roland a raconté une blague avec des mimiques identiques aux tiennes, ce qui m'a renversée : vous n'avez pas vécu ensemble et vous avez pourtant les mêmes intonations de voix et les mêmes expressions du visage. Pas de doute, tu es bien sa fille !

9. Mon cri du cœur

D'un ton ferme et sans équivoque, je lui lance :

—Je veux le rencontrer!

Un cri du cœur bien entendu, bien compris.

—D'accord, je m'en occupe. Dès demain, je vais téléphoner à mon amie Jeannette qui doit avoir les coordonnées de Roland, puisque son mari et lui ont travaillé pour la même compagnie de taxi. Je vais demander à Roland s'il accepte de te rencontrer, dans un restaurant par exemple. Laisse-moi continuer à te raconter . . .

—Oui, dis-moi tout, tout, tout ! Dis-moi donc pourquoi c'est Justine et Fred qui m'ont élevée et pas toi ?

Je me rends bien compte que mon ton est impatient. Cette histoire rocambolesque pique ma curiosité, je l'admets, par contre, elle épuise ma patience. *Je dois respirer, me détendre . . . Je dois . . .*

Yvonne poursuit son récit :

> —Je sortais avec Roland, ton père qui était un homme bon, beau, charmant et très drôle. Quand je l'ai rencontré, je venais de casser avec Raymond, mon premier petit ami, dont je t'ai sûrement parlé.

Je fais signe que « oui ».

> —Raymond était gentil mais beaucoup trop sage à mon goût. Moi, j'allais danser avec Rose, j'allais à la plage, faire des tours d'auto et de moto, sans que maman ne le sache bien sûr puisque c'était interdit. Je sortais avec mes amies pour m'amuser et même flirter un peu avec d'autres garçons. Raymond, lui, ne dansait pas et ne faisait aucune de ces choses farfelues des jeunes de notre âge. J'étais un peu trop « fofolle » pour lui, je crois. Mais, je dois t'avouer sincèrement qu'il n'y a rien eu de sexuel entre nous. On s'était embrassés et c'est tout.

Tu sais qu'en 1950, les jeunes étaient moins dégourdis qu'aujourd'hui... pour ce qui est des filles... des filles de bonnes familles!

Elle raconte cet épisode avec candeur et légèreté. Ce sont manifestement de bons souvenirs qu'Yvonne prend plaisir à remuer.

—Je comprends, mais est-ce que tu travaillais? Vivais-tu chez papa et maman? Comment c'était ?

—Oui, je demeurais encore avec eux. J'avais une petite chambre mais je n'étais pas souvent à la maison... Maman allait au bingo au sous-sol de l'église et parfois elle gagnait. Quant à papa, il jouait aux cartes avec les boys, au club social de la paroisse, juste pour le plaisir puisque de toute façon, il n'avait pas d'argent...

Maman et moi on travaillait au cabaret-restaurant « Chez Gérard » sur la rue St-Paul. Elle était cuisinière et j'étais hôtesse. C'était un endroit qui est devenu légendaire à Québec, on dit que c'était une institution... On y offrait des repas-chantant où se produisait la relève des artistes de la chanson québécoise et française. J'y ai rencontré Charles Trenet, Jean-Pierre Ferland, Gilbert Bécaud, le favori de maman, et plusieurs autres.

—Et papa? Qu'est-ce qu'il faisait à cette époque?

—Papa ne l'a pas eu facile : à seize ans il a quitté l'Étang-du-Nord aux Îles de la Madeleine pour venir travailler à Québec où il s'était déniché un poste de « foreman » pour une compagnie de construction. Il n'avait pas d'instruction mais il était travaillant comme deux. C'était un homme de confiance alors il avait décroché cet emploi grâce à sa droiture et à son expérience de peintre en bâtiment. Mais, crois-moi, c'était une job pas très payante.

—Je sais que papa n'a jamais eu l'argent pour retourner aux Îles. Même dans mon temps, vingt ans plus tard... Combien de fois je l'ai entendu dire: « Je voudrais tant revoir ma vieille mère, avant qu'elle meurt ». Te souviens-tu que je t'ai raconté le voyage que j'aurais aimé faire avec lui? J'avais réservé la traversée en bateau jusqu'aux Îles de la Madeleine. Je t'avais téléphonée pour te dire à quel point il était fou de joie.

—Hum . . . c'est vague pour moi.

—Eh oui, nous étions prêts à partir, quand on lui a diagnostiqué un cancer du péritoine et on l'a hospitalisé d'urgence. Après la chirurgie, la convalescence a duré plusieurs mois. Puis ensuite, sa condition ne lui permettait plus de voyager.

C'est vraiment dommage, j'aurais tant aimé réaliser le rêve de mon père !

En apprenant l'état de santé de Fred, son frère aîné, le cadet des douze enfants, lui a fait la plus touchante des surprises. Il s'est empressé de lui apporter de sa région natale, un court-métrage de 5 minutes qu'il avait filmé avec une simple caméra 8mm. Il avait capté le quotidien de son coin de pays. Papa qui n'avait pas l'habitude de tant d'émotions, je le vois encore, une cigarette à la main gauche et un dry gin dans la droite, au bord des larmes, devant l'écran, il voyait le sourire timide de sa vieille mère qui faisait un signe de la main pour le saluer.

Quel bonheur pour lui de l'avoir revue d'une certaine façon, surtout qu'elle est décédée quelques mois plus tard, après avoir fêté ses 100 ans.

—Franchement Yvonne, ça me bouleversait de l'entendre dire avec mélancolie :

« Quand mes vieux os ne me feront plus mal, on se reverra un jour, ma vieille mère ».

Je réalise avec un certain pincement au cœur, que je viens de parler de mon arrière-grand-mère.

10. Qui est mon père?

—Puis ensuite Yvonne ? Leur as-tu dit que tu étais enceinte ?

—Non ! Je ne voulais pas leur avouer. La honte m'habitait. J'avais juste envie de me cacher pour le restant de mes jours. Pourtant, un événement que je vais te raconter aurait dû être une piste de réflexion positive quant à la réaction de mes parents.

Louise, une fille de ma classe, est devenue enceinte à quatorze ans. Descendue en disgrâce, elle a été montrée du doigt et tout le voisinage disait qu'elle était une trainée, une putain qui couchait avec tous les gars. Elle a été rejetée par les siens, jetée à la rue même, comme on met les vidanges sur le bord du chemin le dimanche soir.

Quand maman a appris le malheur de cette fille, elle s'est empressée de défendre la jeune en disant que ce n'était pas de sa faute, que ça n'avait pas de bon sens de jeter une enfant à la rue « Pauvre Louise! ». Et alors, elle m'a dit que s'il m'arrivait « la bad luck de partir pour la famille », papa et elle ne me mettraient jamais à la porte. C'est à cause de cette réaction, de cette attitude généreuse de maman que j'aurais dû lui faire confiance. Et pourtant non, je l'ai pas fait, par pudeur peut-être... je sais pas trop. Je me suis plutôt confiée à ma grande amie Jeannette. Tu l'as déjà rencontrée, t'en souviens-tu?

—Oui, je sais qui est ton amie Jeannette. Je me rappelle surtout d'une anecdote à son sujet qui aurait pu me mettre la puce à l'oreille. Un jour où tu étais chez nous, Jeannette t'a téléphoné et quand j'ai répondu, elle a demandé : « Est-ce que je peux parler à ta mère? » et moi qui ne me doutais de rien, je lui ai répondu que Justine n'était pas là. Jeannette s'est reprise en bafouillant « Euh... je veux dire Yvonne ». Ton amie était au courant! Et moi, j'aurais pu « allumer » mais vois-tu, je... ne... l'ai... pas... fait!

—Jeannette et moi, on a toujours été là l'une pour l'autre. Le soir de ma confidence, elle m'a bien écoutée quand nous avons fait le tour de la question, mais elle ne pouvait pas décider à ma place.

—Mais, Roland lui...

—Roland a croisé ma route, alors que j'étais vulnérable... Un parfait étranger et il m'a sauvé la vie!

Je revenais à la maison après une journée de travail qui avait été pénible puisque c'était le début de « mes règles ». Je n'étais vraiment pas bien. À chaque mois c'était pareil, j'étais tellement faible que je passais une semaine au lit.

J'attendais l'autobus au carré d'Youville. De l'autre côté de la rue se trouvait un stand de taxi où Roland, dans sa voiture, faisait la file en attendant son appel de service. De là, il a pu voir dans quel état j'étais... tout ce sang... Cet inconnu a bondi hors de son taxi et il m'a attrapée juste comme j'allais tomber dans les pommes. Il m'a conduite à la maison. Je faisais une hémorragie menstruelle. À partir de ce jour-là, je me sentais reconnaissante envers lui, il était mon héros.

Nous avons commencé à nous fréquenter. Je ne te cache pas qu'aussi, je trouvais mon sauveur très attirant. Dès le début, j'ai été séduite par son charme irrésistible et son humour. À sa façon de me courtiser, en me disant que j'étais belle et désirable, je me suis bien rendu compte que je n'étais pas son premier flirt.

Un soir, il m'a amenée au luxueux appartement de son ami, au centre-ville. Mon Roland m'a reçue comme s'il était un chevalier dans un roman Harlequin [3] ... tu sais comment j'aime ça, ces romans-là. Ah ! Il savait bien faire les choses, le romantique Roland : les roses rouges, le vin

---

3 Les éditions Harlequin publiaient des romans à l'eau de rose, extrêmement populaires auprès des femmes dans les années '50 et '60.

pétillant et, avec l'odeur d'Aqua Velva[4] dans son cou, ça n'a pas été long qu'il a fait connaître à sa belle princesse, une intimité jusque-là insoupçonnée. C'était ma toute première fois... Cette expérience, en cette magnifique fin de semaine avec ton père, se résume à trois jours de bonheur, trois jours et trois nuits inoubliables, et c'est à ce moment-là que tu as été conçue.

---

[4] La lotion après-rasage Aqua Velva, la plus achetée par les hommes et préférée des femmes de cette époque.

11. Le bon choix

—Est-ce que tu l'as dit à Roland que tu étais enceinte ?

—Oui, bien sûr que je lui ai dit. Mais Roland et moi n'avions jamais parlé de nous marier, je devais donc être réaliste. Roland n'avait aucune obligation envers moi mais j'espérais tellement me sortir du trouble! Tu imagines... Nous venions de commettre une faute grave, un péché selon l'Église, celui de coucher en dehors des liens du mariage. Évidemment, la pire punition était de tomber enceinte ce qui était, à l'époque, l'ultime déshonneur pour une fille et pour sa famille aussi !

—Et, quelle a été la réaction de Roland quand tu lui as annoncé ?

—Lorsque je lui ai appris qu'il serait papa, il n'a pas sauté de joie! Non, il ne s'est pas montré enthousiaste du tout, il ne m'a pas fait miroiter la belle vie qu'on aurait lui et moi avec ce petit être. Sa réaction a été bien différente d'un conte de fée.

Je me suis dit : « *Ça doit être la trop grande surprise qui le renverse* ». Sûr de lui et sans me demander comment j'entrevoyais l'avenir, Roland s'est empressé de me raconter qu'il avait un bon chum à qui c'était arrivé. Il allait me procurer ce qui avait arrangé tout ça pour la blonde de son ami. Je lui ai répondu : « Ça non... Pas question que j'avorte! Avec ou sans toi je vais avoir cet enfant. Je ne sais pas comment je vais faire mais c'est une vie que je porte dans mon ventre et personne ne va toucher à ça! Tu m'entends? Personne! Dis-le tout de suite, es-tu avec moi ou non? »

Il s'est excusé pour s'être emporté, pour cet élan de panique. « Bien sûr que je suis avec toi ».

Je venais de comprendre que « nous n'étions pas enceinte » comme le disent les jeunes de nos jours, moi seule l'était. Roland allait m'accompagner, mais sa réplique impulsive avait ouvert une brèche dans la confiance aveugle que je lui avais accordée.

Au début, ma grossesse allait bien. J'ai réussi à te cacher sous des vêtements amples; fini les tailleurs et les vêtements moulants à la mode. Je ne me reconnaissais plus, je ressemblais à une lune croissante.

Je m'abreuve aux paroles d'Yvonne qui font revivre chaque étape précédant ma venue au monde. Elle se souvient et sa mémoire me fascine... Elle me raconte dans les moindres détails ce qui m'importe de découvrir.

—Ça n'a pas été facile ! J'étais anémique et un peu maigrichonne depuis la puberté. À partir du septième mois, j'étais passablement affaiblie, assez pour que le médecin de l'hôpital me recommande de rester au lit le plus possible, jusqu'à l'arrivée du bébé. Moi qui étais sociable et active, je pensais mourir de solitude. Je me sentais piégée dans une maudite galère. J'avais désespérément besoin d'aide et je ne savais pas vers qui me tourner. Roland habitait chez ses parents qu'il ne m'avait pas encore présentés. Aucun secours possible de ce côté-là.

J'avais déjà entendu dire qu'un hôpital, l'Hôpital de la Miséricorde, était dirigé par des religieuses qui hébergeaient des filles-mère[5]. J'ai rassemblé tout mon courage et je suis allée frapper à leur porte, comme on se rend à l'urgence pour des soins pressants.

Les Sœurs du Bon Pasteur de Québec avaient le don et la compétence pour gérer ce genre de situation. Elles m'ont accueillie chaleureusement et au cœur de cette douceur, je me suis rappelé mes sept années scolaires, en sécurité au pensionnat avec « les bonnes sœurs ». Je venais de trouver mon refuge!

---

[5]Dans le Québec catholique, le terme « fille-mère » était utilisé pour qualifier les jeunes filles enceintes, non mariées.

12. Une grossesse cachée

—C'est seulement après avoir trouvé cette solution que j'ai fini par le dire à papa et maman. Bien sûr, ils ont d'abord été étonnés mais ils m'ont ouvert les bras, sans sermon, sans reproches. Ils ne se préoccupaient de rien d'autre que de me rassurer. Même que souvent, ils me tenaient compagnie à l'hôpital, tard le soir et c'était parfait pour éviter de se faire épier par le voisinage.

—Comme t'as été chanceuse qu'ils soient aussi bons.

—Je sais, tu as raison! Maman a été là pour moi tout en étant discrète et effacée. Elle veillait surtout à ce que j'aie une grossesse normale.

—Et Roland, où est-ce qu'il était?

—Roland était présent à sa manière. Il venait me visiter comme on rend visite à une amie malade. Moi, je voulais un amoureux, pas juste un ami! Je portais son enfant après tout... Je savais très bien que ce n'était pas son projet de se «caser» à vingt-trois ans. Il n'était pas prêt pour ça, il manquait de maturité autant que moi.

J'ai prudemment posé quelques questions subtiles à ¨mon¨ Roland pour vérifier où en était notre relation. Ses réponses vagues m'ont vite appris que je n'étais déjà plus son unique flamme. Mon prince charmant allait danser sans moi, Roméo avait plusieurs Juliette...

Successivement, j'éprouvais peine et colère. Je devais pourtant me montrer forte puisque naïvement, j'avais la certitude que mon amour pour lui et ma patience gagneraient la partie contre toute rivalité. « *N'ai-je pas un atout de taille dans mon ventre ?* ». Mais, en réalité, je ne savais pas si être enceinte de lui constituait un avantage ou si ça jouait contre moi... Peut-être que Roland et moi n'étions pas partis pour faire une longue route ensemble comme papa et maman? Mais, il venait me voir très discrètement, lui aussi. Seule, les soirs quand personne ne s'annonçait, j'allais marcher camouflée sous ma grande cape noire; je t'assure que ça n'invitait aucun homme à s'approcher... Mais oui, je peux te dire que Roland a été là.

À cette époque, ce n'était pas comme aujourd'hui, il fallait payer pour un accouchement.

Roland s'est occupé des dépenses pour ma grossesse et pour tout le nécessaire. Moi, j'avais bien d'autres choses à penser.

13. Ma naissance

—Puis, ton accouchement Yvonne, comment ça s'est passé ?

—Tu es arrivée à terme. Le supplice des contractions a duré trois interminables journées. L'attente a été tellement longue et souffrante que le médecin a dû me mettre sous anesthésie générale. Quand je me suis réveillée, tu étais là : une belle fille en santé, de huit livres et trois onces, longue de 21 pouces, avec une belle chevelure noire. J'ai compté tes petits doigts, tes orteils. Tout était parfait... toi tu étais parfaite, je t'admirais.

—Étais-tu toute seule à l'hôpital ?

—Oui, j'étais seule. Enfin, je me croyais seule, mais il y avait une religieuse, pas très loin, qui attendait mon réveil pour me montrer des papiers à signer pour que j'autorise ton adoption. Elle insistait vraiment beaucoup. J'ai dit : « Non, je ne veux pas donner ma fille! ». Elle m'a quand même laissé les papiers pour que je les signe plus tard, si je changeais d'avis.

—Est-ce que tu t'étais engagée à donner ton enfant en allant chez les sœurs?

—Ah non, je n'aurais jamais fait ça! Aucun scénario n'avait été envisagé, même si maman était prête à m'aider à sauver les apparences, nous n'avions pas parlé de ce qu'on ferait ensuite, encore moins d'adoption! Une chose est certaine, je n'ai jamais songé à donner mon enfant, à t'abandonner! Ça, non!

La meilleure option qui s'est présentée à moi, elle est venue de Jacqueline, une cousine de mon amie Jeannette. Jacqueline m'a proposé de prendre mon petit bébé jusqu'à ce que je trouve une autre issue.

Cette femme à l'instinct maternel inné, vivait seule avec sa fillette. Devenir ta nounou allait leur rendre la vie plus facile grâce au revenu de la pension que Roland lui paierait. Je sentais que cette offre était la seule alternative envisageable.

Je n'ai pas annoncé aux religieuses ma récente décision concernant ton séjour chez Jacqueline. Elles ont cru que je n'avais pas encore de plan et elles comptaient bien, dans leur grande bonté, me pousser à me décider. Je te jure qu'elles ont exercé une pression très forte pour que je signe l'autorisation qui aurait permis que tu sois confiée en adoption. Bien que rusées, ces dames ont dû se résigner, c'est moi qui te gardais!

14. Ma vie bascule...

Ensuite Yvonne... C'était comment? Te sentais-tu triste... déprimée... ? — Raconte-moi.

—Je te parlerai de tout ça ce soir, c'est promis. Mais là, on s'en va à l'hôpital avec papa.

—D'accord. Mais là-bas, tu sais, je ne pourrai pas faire comme si je n'étais pas au courant. Dès que j'en aurai l'occasion, je dirai à maman et à papa que je sais.

Je détecte un trémolo d'inquiétude dans la voix d'Yvonne quand elle me dit avec douceur :

—Fais comme tu veux, quoique tu décides, je suis avec toi.

Dans la chambre, maman est assise sur le bord du lit. Elle s'est mise un peu de fard à joues et un soupçon de rouge à lèvres, elle nous attendait... Papa se penche vers sa femme pour lui donner un baiser sur les lèvres. Il lui dit combien il est content qu'elle aille mieux. Il est peu bavard, notre papa, mais il a une qualité de présence remarquable. En approchant une chaise pour s'asseoir près d'elle, il lui chuchote affectueusement : « T'as l'air belle, Justine ».

L'infirmière de garde nous apprend que l'état de santé de sa patiente n'inspire plus aucune crainte. Maman prend son petit air espiègle pour l'interrompre avec humour :

—Fallait que je m'dépêche à guérir, ma visite s'en v'nait!

Elle ajoute que le docteur veut la garder sous observation mais qu'il y a de grandes chances qu'elle rentre à la maison très bientôt. Elle a hâte de revenir à sa routine, spécialement pour cuisiner de bons petits plats à son Fred, comme la tarte au citron, pourtant défendue. Malgré le diabète de papa, maman ne tient pas compte des directives de la nutritionniste de l'hôpital. Ce n'est pas de la mauvaise volonté, Justine est convaincue que Fred se porte bien parce qu'il mange tout ce qu'il aime, sans restriction. Elle le rend heureux et pour elle, c'est tout ce qui compte!

Yvonne et moi, nous nous faisons discrètes en les observant. Ils semblent soulagés du poids de l'inquiétude. Puis, nous nous faufilons en douce jusqu'à eux. Je prends la main d'Yvonne :

—Papa, maman, je sais tout maintenant...

—Comment ça, c'est toé Yvonne qui y a dit?

—Je sais maman, on s'était promis de ne rien dire... mais il fallait... je devais me libérer... je n'en pouvais plus, mes remords m'étouffaient! Je n'avais pas planifié le faire aujourd'hui, mais j'espère que vous me pardonnez et que vous comprenez que pour soulager ma conscience, je n'avais pas le choix de tout lui avouer.

Maman et papa se tournent l'un vers l'autre avec bonté, comme deux complices. Après une longue pause c'est Justine qui prend la parole :

—Yvonne... heu... ta mère nous avait fait promettre de jamais te l'dire, mais j'suis contente que tu l'saches. Asteure, t'as pas juste une mère comme tout l'monde, t'en as deux. Qu'est-ce que tu dis d'ça ma fille?

—Oui maman, je suis contente de le savoir, bien sûr. Mais la surprise de cet aveu étonnant au sujet de l'histoire de ma vie m'a jetée par terre. Ça va prendre du temps à digérer, tu sais...

Maman baisse la tête, je sens qu'elle comprend. Je l'étreins délicatement, je veux la sécuriser. Je sais bien que ce n'est pas le moment d'expliquer l'immense incompréhension qui remplit ma tête.

Papa se lève péniblement et s'appuie sur sa marchette pour assurer son équilibre.

Les yeux baignant dans l'eau, il me demande :

—J'suis encore ton père quand même, hein Ti-Bette ?

—C'est sûr papa, y a rien qui va changer ça!

Il m'apparaît fragile et chancelant, sur le point de s'effondrer. Ne serait-ce qu'une seconde, papa a cru qu'il venait de me perdre. Je m'élance vers lui pour l'enlacer fermement et tendrement. Rassuré, il me sourit. J'ai peine à retenir mes larmes. Je ne me suis jamais sentie aussi près de cet homme qui a toujours manifesté amour et bonté pour moi, même avant de me connaître.

Je suis bouleversée! Voilà qu'à 38 ans, je découvre que ma sœur, mon ainée de 20 ans est ma mère biologique. Je sais bien que ça ne changera rien : Justine sera toujours ma maman et ce, à jamais. Mon papa, c'est Fred, c'est le père que j'aime. Mais...

Ma vie vient de basculer.

15. Mon identité

Seule avec Yvonne, je poursuis d'urgence mon questionnaire puisque dans quelques jours, elle repartira chez-elle, aux États-Unis. Pendant plus de trente ans, j'ai ignoré ma véritable identité. Là, je veux savoir la vérité derrière cette inqualifiable cachotterie. Il me faut des détails pour comprendre d'où je viens...

—Si on reprenait là où on s'est arrêtées, Yvonne? D'abord, pourquoi est-ce qu'on m'a appelée Berthe?

—Sur les documents officiels, c'est Marie-Berthe...

—Oui mais, c'est quoi mon nom... c'est Berthe ou Marie-Berthe?

—Laisse-moi t'expliquer : à la naissance, l'Église catholique imposait le nom de la Vierge Marie devant le prénom des filles. Sur ton baptistère écrit à la main par le curé, la fine tache d'encre qu'il a faite par maladresse entre Marie et Berthe, est devenue un trait qui a uni les deux prénoms pour la vie! Le certificat de baptême servait alors d'acte de naissance, c'est donc « Marie-Berthe » qui a été inscrit au registre de l'état civil du Québec.

—Continue. Hum... c'est intéressant! Je suis étiquetée à vie, à partir d'une faute qui n'a pas été corrigée!

—Tu sais, je brûlais d'envie de t'appeler « Danielle » mais tout mon entourage savait que c'était mon prénom préféré. Ils auraient compris assez vite... De toute façon, je n'ai pas eu à y réfléchir bien longtemps. Un prêtre venait baptiser les nouveau-nés le plus tôt possible pour s'assurer qu'ils n'aillent pas dans les limbes[6] s'ils mourraient subitement. Il n'y avait rien à redire, c'était comme ça!

—Oui, mais ça ne me dit pas pourquoi « Berthe »?

—Les religieuses de l'hôpital m'ont dit qu'elles en étaient à la lettre « B » dans leur registre. Par conséquent, le prénom choisi devait commencer par « B ». Berthe est le premier nom auquel j'ai pensé et de plus, je trouvais qu'il t'allait bien.

—Et mon nom de famille?

—Tu as porté le nom de ton père à la naissance puisqu'il reconnaissait sa paternité. Puis, tu es devenue une Leblanc quand papa et maman t'ont adoptée officiellement.

—Oui mais...

---

[6] Dans la religion catholique, les limbes sont censés être un endroit transitoire entre le paradis et l'enfer pour les âmes des enfants non baptisés.

—Berthe, si tu attends une minute, je vais tout te raconter.

—Oui mais sur mon baptistère, j'ai vu, bien écrit noir sur blanc, « Fille de Justine Migneault et d'Alfred Leblanc ». Ce n'est pas écrit fille de Roland et d'Yvonne! C'est tout de même un document légal, non? Comment c'est possible? Peux-tu m'expliquer ça, Yvonne?

Je suis en train de réaliser que mon certificat de naissance est faux...

—C'est assez complexe. Je vais te résumer du mieux que je peux. Je suis partie refaire ma vie, me marier avec Jim à New York, tu avais deux ans. Maman et papa ont décidé de te garder avec eux. J'ai accepté et Roland ne s'y est pas opposé. Mais il fallait que ton adoption soit légale et que tu portes le nom « Leblanc » de façon officielle pour garantir ton inscription lorsque tu entrerais à l'école. C'est maman qui s'en est occupée. Elle s'est adressée à un avocat chez qui elle avait déjà été cuisinière. Me Flynt était très « haut placé » à Québec. Il s'est arrangé pour produire un nouveau baptistère légal et changer les noms.

—Quoi? J'en reviens pas! Tu veux dire que mon baptistère a été falsifié « légalement »?

Ma vive réaction fait sursauter Yvonne. Elle semble prise de court mais elle précise le contexte de cette démarche.

—C'était une pratique courante et normale dans les années '50 et '60. Aussitôt le jugement d'adoption signé, le Gouvernement faisait disparaître le baptistère d'origine et par le fait, il cachait les vrais renseignements au sujet de la naissance de la petite fille ou du petit garçon adopté. L'enfant lui, comme toi, croyait que ses parents adoptifs étaient ses parents biologiques.

—Quoi ? Normal ? Dissimuler le fait que je sois adoptée et effacer toute trace de mes géniteurs? C'est tordu ça! Et légal en plus? Ça n'a aucun sens! Le Gouvernement ne pouvait pas avoir le droit? Si je comprends bien, tout le monde m'a menti et les fonctionnaires trichaient!

—Et moi, je comprends que tu sois fâchée Berthe, mais c'est comme ça que ça se passait, c'était une autre époque. Les choses ont bien changé, heureusement! N'empêche que je me sens honteuse de tout ça et je te demande pardon.

Je suis muette tant l'indignation et la rage m'étouffent. Yvonne ajoute à mots feutrés :

—Ça sert à rien de revenir sur le passé... Tout ce qu'on a fait c'était pour ton bien, ça tu peux me croire.

—Oui, oui... oui... Mais c'est quand même une conspiration insensée, avec la famille, les amies et les autorités pour me cacher la vérité!

Il faudrait que je me calme et que j'essaie d'analyser tout ça, de justifier ou même d'accepter... Pas question! Justement, je dois en poser des questions, je dois écouter les réponses et pour ça, je vais garder mon sang froid! Quelle mauvaise surprise m'attend encore au tournant de ce chapitre...

16. L'abandon

—Puis après? Parle-moi de ta sortie de l'hôpital.

—Je suis sortie de l'hôpital en catimini, personne ne m'a vue et personne n'a su que je venais d'accoucher. Pour m'assurer de ne pas attirer l'attention du voisinage, j'avais décidé de partir à la noirceur et de me diriger droit chez Jacqueline.

Habillée d'une jupe à la bohémienne et d'une jolie blouse de coton blanc brodé, Jacqueline nous attendait moi et mon bébé dans son modeste appartement. Elle était toute menue, à peine cinq pieds, les cheveux noirs très longs, jusqu'à la taille. Elle t'a prise dans ses bras en m'invitant à entrer. Elle te caressait tendrement et on aurait dit que c'était elle qui venait de mettre au monde l'être le plus merveilleux. Son cœur de mère s'ouvrait tout grand, rien d'autre n'existait plus entre elle et toi, elle t'aimait déjà. Moi, ça m'a fait de la peine de te laisser là, mais j'ai pensé que c'était la meilleure façon d'agir et que c'était correct. Je savais que cette femme saurait te donner une tonne d'affection et prendre soin de toi comme si tu étais sa propre fille.

Quand son mari les a quittés, elle et leur enfant, Jacqueline s'est retrouvée seule et sans le sou. Gaston, un journalier de la construction, était un fêtard et un ivrogne, incapable d'assumer son rôle de père de famille. Un soir qu'il était « en boisson », il est parti et elle ne l'a plus revu. À cette époque, le bien-être social n'existait pas alors, Jacqueline qui aimait tant les enfants, gardait ceux des autres pour se faire un maigre revenu.

Je me demande combien de temps je suis demeurée là? Une femme que je n'ai jamais connue a joué un rôle crucial dès les premiers jours de ma vie... Quand je pense qu'elle s'est occupée de moi comme une mère et que j'apprends ça aujourd'hui!

—Est-ce que je pourrais aller la voir?

—Non Berthe... c'est bien triste mais elle est décédée il y a une dizaine d'années.

—C'est de valeur, j'aurais vraiment aimé la connaître.

Je découvre cet important chapitre de ma vie dans un tourbillon de qui? Comment? Pourquoi? Ma curiosité sans bornes me semble un puits sans fond. J'ai peur de ne plus distinguer la réalité du mauvais rêve.

—Demain, si tu veux, me suggère Yvonne, je vais aller te montrer où demeurait Jacqueline.

—Ah oui, j'aimerais beaucoup ça!

J'ai déjà hâte! Je vais découvrir des scènes qui se sont jouées il y a quatre décennies, les scènes du théâtre de ma vie.

En premier lieu, nous nous rendons sur le site où je suis née. Yvonne s'étonne de voir la bâtisse convertie en résidence pour personnes âgées. Cet immeuble qui a jadis accueilli les naissances abrite désormais les partances. Yvonne dépeint de façon détaillée ce qui défile dans sa tête, en pointant les endroits significatifs, comme pour me laisser une empreinte d'images de mon passé. Elle se rappelle avec chagrin, combien la plus rigoureuse des discrétions y régnait.

> —Tout était anonyme à l'intérieur de ces murs. Les filles n'étaient pas appelées par leur nom, mais moi, je ne le savais pas quand « ma Mère supérieure », qui s'occupait des documents officiels me demanda sans préambule: «Comment voulez-vous qu'on vous appelle ici, mademoiselle Leblanc?». Sur le coup, j'ai dit « ben, vous pouvez m'appeler Yvonne». Elle m'a alors expliqué gentiment que les femmes hébergées à la Miséricorde devaient utiliser un pseudonyme pour protéger leur incognito. J'ai décidé sans hésitation « Lison. Appelez-moi Lison, s'il-vous-plait ». C'était le nom de ma meilleure amie au couvent de Lévis. Lison est le diminutif d'Élisabeth, mais si tu savais, Berthe, comme j'étais loin de me prendre pour une reine.

Je suppose que la pensée d'une amie encore vivante dans le cœur d'Yvonne venait apaiser son désarroi d'être isolée et coupée de son identité. Cet épisode de l'abri pour filles-mères m'attriste et j'écoute la suite.

> Les visites improvisées n'étaient pas permises. Comme des détenues dans les prisons, nous devions inscrire le nom des personnes autorisées à venir nous voir au parloir. Tout était calculé dans le but d'éviter que quiconque, ni les résidentes ni les visiteurs, ne soit reconnu. Par discrétion, les employés avaient ordre de baisser la tête au passage des patientes. On m'a raconté que des sœurs y ont séjourné en même temps, sans être au courant de la présence de l'une et de l'autre! Mais je t'avoue que là-bas, moi, ça faisait bien mon affaire de sembler ne pas exister!

Puis, nous continuons notre route jusqu'au logement que Jacqueline a habité, une pittoresque maison de banlieue, aujourd'hui délabrée, abandonnée. Nous sommes devant un lugubre tableau de décrépitude, une véritable ruine; à quelques trente pieds de la rue, l'immense aire de jeu désertée confère à ce décor un aspect de désolante grisaille. Tout parait mort.

Affligée par ce navrant spectacle, Yvonne me dit que lorsqu'elle venait me voir, une balançoire dominait au centre de la cour. Elle me désigne, au fond, à droite d'un gros chêne, un enchevêtrement de bois pourri qui ressemble vaguement aux vestiges d'un carré de sable... Plus rien n'indique que des enfants se soient amusés ici. Seule une immense porte rouge, sur le côté de la maison, est encore debout grâce à sa robuste structure. Cette porte, Yvonne l'a franchie le soir où elle est arrivée avec moi dans ses bras, pour me remettre entre les mains d'une autre. Cette porte-là, elle ne l'a jamais oubliée... Je vois bien qu'elle est troublée par ses vieux souvenirs qui soulèvent de profondes émotions, qu'elle feint d'ignorer pour l'instant. C'est le rappel du temps où elle a choisi d'être ma sœur ainée, plutôt que ma mère.

Yvonne se libère finalement, en levant le voile sur le mystère... de ma vie!

17. La crise

Resplendissante, maman se réjouit de sortir de l'hôpital au bras de ses deux filles. Elle y est restée beaucoup trop longtemps «à son goût». Elle a hâte de reprendre son train-train quotidien à la maison.

Maman est de cette génération qui croit qu'il faut à tout prix éviter d'entrer à l'hôpital, au risque d'en sortir « les pieds devant » d'après le dicton populaire. Elle est aujourd'hui convaincue et bien fière d'avoir déjoué le destin grâce à sa santé de fer. En quittant la chambre, maman s'arrête devant les infirmières et le cœur débordant de gratitude, elle leur serre les mains en les remerciant, l'une après l'autre :

> —Avant d'partir, j'veux vous dire bonjour mes p'tites garde-malades. Vous avez ben pris soin de

moé. J'vous voyais courir partout, vous êtes tellement débordées d'ouvrage, ça pas d'bon sang. Mon Dieu q'vous êtes travaillantes!

Yvonne la prend par l'épaule :

—Comme tu es belle maman. Les joues roses, le rouge à lèvres... Allons-y! Est-ce que tu as toutes tes affaires?

—T'inquiète pas Yvonne, j'ai toute et l'plus précieux surtout : j'ai mes deux filles avec moé! Pis j'ai hâte de me r'trouver chez-nous. J'vas m'assoir dans mon vieux lazy-boy. J'vous dis qui m'a manqué lui! J'vas prendre un bon thé avec mes biscuits « social tea ». Le manger de l'hôpital c'est ben correct, mais c'est donc pas comme à maison! Pis asteure que j'peux toute dire, j'me priverai pas... J'en ai long à t'raconter Ti-Bette!

Yvonne devine bien à quoi Justine fait référence. Pensive, elle marche derrière la chaise roulante poussée par un bel infirmier qui nous escorte toutes les trois vers la sortie. Maman pourrait marcher sans aide mais la consigne de l'établissement exige ce raccompagnement sécuritaire.

Papa nous attend. C'est la fête! Le danger est passé et sa Justine est enfin là! Elle s'assoit dans son fauteuil bleu, papa se berce et nous, les deux « sœurs », nous nous installons sur le long divan, juste en face. Justine ne perd pas une seconde :

—Tu sais ben qu'on t'aime Ti-Bette pis qu'on va toujours t'aimer, ton père pis moé. On t'a élevée comme si t'étais à nous-autres. Tu nous as aidés à nous garder jeunes, ma p'tite fille. Y'a aussi qu'Yvonne nous avait fait promettre de jamais te l'dire. Fallait respecter ça.

—Attends, attends un peu maman... Est-ce que j'ai bien compris? Si Yvonne était morte sans me dire qu'elle est ma mère, je ne l'aurais jamais su, de toute ma vie?

—Non! On te l'aurait jamais dit.

Je suis révoltée de découvrir ce complot, ce pacte familial pour camoufler la trame de mon histoire. Je n'arrive pas à croire cet épouvantable mensonge... cette énorme manigance! J'ai beau essayer de me raisonner... Impossible! Je sors de mes gonds :

—C'est pas juste! C'est ma vie après tout et c'était mon droit de connaître mes origines, vous pensez pas? Tu aurais eu tant d'occasions de me le dire Yvonne, mais tu as choisi délibérément de pas le faire!

Déchainée, je continue de manifester ma colère, sans retenue. Personne n'ose arrêter mon torrent de paroles. J'avais le droit de savoir!

—Je vais t'en rappeler, moi, des occasions... Tu aurais pu me le dire déjà quand j'étais petite. Je suis certaine que je l'aurais compris, comme l'a fait notre cousin André qui a grandi en sachant qu'il était adopté. Il le savait, la terre entière le savait... et c'était pas un problème que je sache!

Réalise-tu que depuis que je sais parler, quand je te disais que j'aimais ma grande sœur plus fort que tout, tu aurais pu me le dire, que j'étais pas ta sœur mais, ta fille...

> Et quand, à 16 ans, je t'ai brodé aux petits points « À ma Sœur, ma Plus Grande Amie pour Toujours». Ce cadre que tu chéris tant... celui que tu conserves précieusement dans ta cuisine et que tu as sous les yeux à tous les jours!

J'en ai gros sur le cœur! Je poursuis dans un même souffle...

> À mon mariage, quand tu es arrivée avec tes fils, mes demi-frères que je croyais être mes neveux... Ensuite, tu as fait le voyage de New-York pour mes relevailles, quand mes enfants sont nés. J'en reviens pas que c'est toi, ma grande sœur, qui est venue m'assister! Maintenant je comprends pourquoi ce n'est pas maman qui était là.

En nommant « les relevailles », je suis en état de choc parce que je réalise ce qui s'est produit :

—Maman... ? Tu lui as cédé ta place!

En disant ça, j'éprouve une profonde compassion pour Justine qui s'est effacée devant Yvonne. Elle s'est oubliée pour permettre à sa fille ainée d'accompagner sa petite-fille dans cette étape cruciale dans la vie d'une mère. En apprenant cet acte de totale abnégation, un frisson me traverse...

—Maman... Tu t'es tassée pour laisser Yvonne s'occuper de moi à mes accouchements. Ça n'a pas dû être facile pour toi...

Maman hoche simplement la tête et elle n'ajoute rien. Ces révélations m'incitent à confronter Yvonne encore plus, avec acharnement :

—Toi Yvonne, tu le sais sûrement quand et où tu aurais pu me dire la vérité? Une tonne de fois, certain! Ça me rentre pas dans la tête que tu l'aies pas fait!

—Je sais, tu as raison Berthe, j'aurais dû tout t'avouer bien avant, mais comme je te l'ai dit, j'ai eu peur que tu disparaisses de ma vie!

Yvonne ne peut plus reculer. La voix tremblante, elle tente de se justifier.

—Si tu savais la torture que ça m'a fait vivre de te faire accroire que tu étais ma sœur pendant toutes ces années. J'ai toujours été là pour toi, dans tes réussites scolaires, quand tu recevais des éloges, quand tu faisais du sport et que tu gagnais des trophées et des médailles. J'étais présente soit en personne ou au téléphone pour te féliciter. J'aurais donc voulu crier au monde entier: « Regardez, c'est ma fille. Je suis tellement fière d'elle! ». En fait, euh... je n'ai pas réussi à trouver le moment propice et surtout, je n'ai jamais eu le courage... Tu ne peux pas t'imaginer comme c'est libérateur pour moi de te l'avoir enfin avoué.

Mais qu'est-ce qu'elle me raconte là? Elle se confesse d'avoir été lâche... c'est ça qu'elle me dit : « J'ai été lâche! »

—Ah oui? Tu dois bien voir que ta confession ne m'attendrit pas trop trop... C'est évident que c'est libérateur pour toi, mais moi, moi, ce que j'ai du mal à avaler, c'est comment, vous, les personnes les plus chères à mon cœur, avez pu me garder dans l'ignorance comme ça!

—Voyons, voyons Ti-Bette, m'arrête Justine, on a fait qu'est-ce qu'on pensait qui était le mieux pour toé. On n'était pas riche, pis on s'est débrouillé pour qu'tu manques de rien. On t'a faite instruire. C'est pas comme nous autres. Ta mère, elle, a fini en 7e. Fred a appris à écrire son nom pis ses chiffres à trente-neuf ans pour pouvoir garder sa job. Moé, j'ai rien qu'une 3e année. Pis, aux Iles, parce que j'tais la plus vieille d'la famille, y'a fallu que j'reste à maison pour aider ma mère à prendre soin des neuf p'tits qui m'suivaient. Moé aussi, j'aurais aimée avoir de l'instruction comme toé.

—Oui maman, je sais et j'apprécie tout ça, mais ce que je suis en train de vivre là, c'est un drame, vois-tu? J'ai beaucoup trop de difficulté à comprendre et à accepter surtout, que vous m'ayez tous menti. T'inquiète pas maman, ça va aller. Laisse-moi le temps, ok? N'oublie pas que vous autres, ça fait 38 ans que vous êtes au courant, moi, ça fait juste 38 heures.

18. Justine raconte

Pour détendre l'atmosphère, Justine propose de faire le diner. Nous nous y opposons radicalement:

—Pas question maman! Tu sors de l'hôpital et tu dois te reposer. Yvonne et moi, on s'occupe de tout.

Justine se résigne et confie sa cuisine à ses filles puisqu'il le faut! Alors, nous préparons une délicieuse salade verte et un bon spaghetti. En route vers la maison, nous avons pris soin d'acheter une grosse tarte aux pommes et de la crème glacée à la vanille, un dessert au goût de Fred!

Pendant que nous mettons la table, maman nous raconte les événements entourant ma naissance. Papa l'approuve par des signes de tête.

—Yvonne a faite c'qu'à pensait qui était bon pour toé, Ti-Bette. A faite de son mieux mais a pouvait pas t'garder. Quand a t'a eue, a t'a placée en pension chez Jacqueline. C'tait une femme vaillante qui a ben pris soin de toé. C'tait la belle époque des cabarets et Yvonne s'est trouvé un aut' travail comme hôtesse au « Coronet », un club ben chic su'le boulevard Charest. Au Coronet y'avait ben des touristes américains, pis malgré qu'a parlait presque pas l'anglais, Yvonne s'débrouillait pas pire.

C'est là qu'a rencontré Jim. Y'était beau comme un cœur, grand, blond aux yeux bleus. Y v'nait des États, de Long Island à New-York. Moé, j'avais jamais entendu parler de c'place là. J'parlais pas un mot d'anglais mais Jim pis moé, on s'faisait des signes pis on s'comprenait. C'tait un joueur de baseball américain, engagé par les « Braves de Québec », croirais-tu que...

Pressée d'en savoir plus, je lui coupe gentiment la parole :

—C'est correct maman, je suis au courant de tout ça...

Yvonne en rajoute :

—Un soir au cabaret, Jim a eu l'audace de dire à ses amis : « Vous voyez cette belle femme-là, je vais la marier ». C'est vrai Berthe, Jim m'a demandée en mariage après seulement quelques semaines de fréquentations. Je ne pouvais pas lui répondre sans lui avouer que j'avais une petite fille de presque deux ans. J'ai attendu à la toute dernière minute pour lui révéler ton existence. Ma crainte était de tout gâcher. J'ai été surprise qu'il prenne la nouvelle mieux que j'avais imaginée.

Tu le sais Berthe que Jim était très bon, hein? Mais... comme il appartenait à la haute société de New-York, il n'a pas voulu te prendre pour t'amener avec nous aux États-Unis. Il ne fallait surtout pas que sa famille sache que tu étais ma fille, que Jim mariait une « single mother ». Je n'avais pas le choix. Pour eux, et pour tout le monde aussi, tu étais dorénavant ma petite sœur. Comme il m'a assurée que tu ne manquerais de rien, nous nous sommes entendus là-dessus et j'ai dit « oui » à sa proposition de mariage.

Justine est impatiente de continuer:

—Quand j'ai appris qu'Yvonne allait s'marier pis rester à New-York, sans t'amener avec eux-autres, j'ai pas voulu qu'tu restes chez une étrangère. C'est là qu'on a été t'chercher chez ta gardienne, parce que Fred pis moé, on a décidé de t'garder. Jacqueline était vraiment attachée à toé, pis ça y crevait l'cœur de s'séparer d'toé, mais avait pas l'choix, pauvre femme! En fin d'compte, y a pas eu d'grandes discussions, Yvonne a accepté notre idée et a t'a donnée à nous autres, comme un cadeau du ciel. Si tu savais comme on était contents d't'avoir ! Mais pour toute te dire Ti-Bette, Roland est v'nu à maison, y m'a parlé de son rapport de père avec toé, pis de ses sentiments, pis y voulait me donner une enveloppe pleine d'argent pour t'prendre avec lui. J'y ai dit « non! pis si tu sacres pas ton camp d'icitte, j'te pousse en bas des escaliers! ». J'pense qui a ben vu que j'tais maline, parce qui m'a pas astinée. Y'a r'tourné de bord, pis yé parti.

Le récit de maman soulage ma rancœur.

—Maman, papa, c'est extraordinaire ce que vous avez fait. Quand je pense que sans vous, on dirait bien que je serais restée chez Jacqueline, ou peut-être que j'aurais été dans un foyer nourricier ou, quoi d'autre?

Je réfléchis à ce que je viens d'entendre... Jim... Je ne sais pas quoi penser de sa réaction? Il voulait Yvonne mais n'a pas voulu de son enfant, de moi... Puis Yvonne, elle, qui a consenti à me laisser...

19. Mes étés en famille

Je l'ai bien connu ce bel américain marié à ma sœur ainée. Dès leur mariage, Jim a poursuivi ses études pour devenir vice-président de l'entreprise familiale, avec son père et son frère puisque ses espoirs de joueur de baseball professionnel s'étaient envolés suite à une grave blessure. Quant à Yvonne, jolie et très talentueuse, elle a été couturière et mannequin pour des maisons de haute couture newyorkaises. Deux fausses couches consécutives auraient pu mettre fin à un parfait bonheur mais ces épreuves n'ont fait que renforcer leur couple.

Je n'ai vu Yvonne qu'à quatre reprises en dix ans. Elle me téléphonait scrupuleusement à mon anniversaire et à Noël. Évidemment, il ne fallait pas jaser trop longtemps puisque c'était un appel « longue distance » et que ça coûtait cher. Je me souviens de mon excitation, de ma fébrilité dans l'attente de la sonnerie du téléphone. Je me sentais près d'Yvonne, elle avait toute mon admiration et un lien chaleureux, un attachement réciproque existait entre la petite et la grande sœur. Nous étions très proches malgré les quelques 650 milles qui nous séparaient.

Au cœur de l'été 1963, ma sœur et son mari sont venus chez-nous, à Québec, pour qu'on voit enfin Jimmy et John, leurs tout jeunes fils encore bébés. Ils sont arrivés en Cadillac noire toute neuve, et comme de raison, des curieux ont vite entouré la berline de luxe garée sur la Côte de la Montagne.

La présence de touristes dans ce quartier pauvre de Québec suscitait tout un émoi aux alentours. Justine était particulièrement fière de faire savoir à tout le voisinage que cette « visite » était sa fille des États, avec son gendre et ses deux petits-fils. Mais, elle se gardait bien de mentionner qu'elle et Fred voyaient les garçonnets en personne, pour la toute première fois. L'important c'était la gloire que représentait, à cette époque, la réussite sociale de sa fille mariée à un Américain.

À la fin de leur séjour, ma sœur et mon beau-frère m'ont annoncé qu'ils m'amenaient chez eux, moi « Beth », la petite sœur de « Vonnie », comme Jim nous avait affectueusement baptisées. Ravie, je suis partie avec eux en voiture. Puis, les étés suivants, ils m'achetaient un billet d'avion aller-retour pour Long Island; une hôtesse de l'air me prenait en charge pendant la durée du vol. C'est donc à partir de l'âge de douze ans que j'ai vécu avec Yvonne et Jim une partie de l'année.

Je ne sais pas si pour Yvonne, le fait d'avoir ses trois enfants rassemblés auprès d'elle lui procurait la joie éphémère et l'illusion de former une grande famille... Mais moi, être avec ma sœur s'apparentait à du pur bonheur!

Mes étés aux États-Unis m'ont permis de devenir bilingue. À tous les jours ou presque, je rencontrais des amis autant filles que garçons, en surveillant comme une gardienne qualifiée, mes petits neveux qui pataugeaient à la piscine adjacente au club de golf où Yvonne et Jim étaient membres. J'avais appris à nager très jeune, mais là-bas, Jim m'a initié au golf. J'avais le privilège d'assister aux tournois sportifs avec eux, d'aller dans des soirées mondaines et, tel une princesse, je les accompagnais dans de chics restaurants inabordables pour une jeune Québécoise de milieu modeste. C'était le paradis! Jusqu'à mes 19 ans, cette vie de rêve se terminait la veille de la rentrée scolaire, avec tristesse bien sûr, mais surtout avec une infinie gratitude pour eux. Je les aimais et j'étais consciente de la grande place que j'occupais dans leur cœur.

J'ai eu beaucoup de peine quand Jim est décédé d'une crise cardiaque sur le terrain de golf, quelques années plus tard, faisant d'Yvonne une jeune veuve.

—Maman, ces vacances aux États-Unis, c'était extraordinaire, tu le sais, mais je n'aurais rien voulu changer de la belle vie que j'ai eue avec toi et papa.

—On t'a choisie Ti-Bette. T'es notre p'tite fille et on t'a aimée comme on t'aime aujourd'hui, le plus fort qu'on peut.

Une boule dans la gorge et au bord des larmes, je ne trouve pas les mots pour nommer l'immense tendresse que je ressens pour ma mère et mon père.

20. Rien n'a changé, sauf que...

Cette histoire, mon histoire, celle de mes origines et de mon adoption, elle vient bouleverser mon existence.

Pendant 38 ans, ma famille a assemblé bien serré, des fragments de ma vie, comme des retailles qui ont formé une courtepointe dont j'étais le motif central. J'ai peine à croire que tous les artisans complices de cette chimère aient respecté le dessein conçu pour décider des couleurs de mes saisons. Ils n'ont laissé percer aucun indice, pas un seul par lequel j'aurais pu entrevoir que ma vie avait été, jusqu'ici, délibérément « arrangée »...

Je constate que par leurs mensonges, Yvonne a réussi à protéger sa réputation, alors que maman et papa eux, c'est moi qu'ils ont protégée.

En se libérant de son lourd fardeau, Yvonne a déposé ce poids en moi. Depuis que j'ai appris la vérité, j'éprouve un serrement au cœur, une puissante sensation de trahison. Il me semble que ma joyeuse spontanéité et ma confiance un peu naïve, je l'admets, se soient éteintes, comme on souffle une bougie. Il me semble aussi, que le doute se soit installé en moi. Le doute de tout. J'avais l'habitude d'une vie transparente et sans filtre, et voilà que je suis troublée par un brouillard intérieur qui m'est étranger et avec lequel je ne suis pas à l'aise.

À cause de son angoisse de toujours bien paraître, Yvonne déforme-t-elle la réalité jusqu'à n'y voir qu'un mirage... jusqu'à peut-être mentir aux enfants, les siens et les miens, puisqu'après son aveu, elle m'a demandé :

—Qu'est-ce qu'on fait pour les autres?

—Je ne sais pas ce que toi tu vas faire, mais moi je leur dis tout. Pas question de leur cacher quoi que ce soit. En revenant du camp d'été, mes enfants apprendront que leur tante Yvonne est leur grand-mère. Mais ça ne changera rien, puisque que Justine et Fred seront toujours, pour eux, grand-maman et grand-papa, peu importe ma nouvelle généalogie.

Je vois bien que tout va rester pareil pour Yvonne et dans la vie de mes proches aussi. Il n'y a pas eu de tempête pour eux, à peine une vague. La vie poursuivra son cours sinueux comme un ruisseau en méandres.

Mon cœur me dit que chaque personnage de cette intrigue a fait ce qu'il croyait être bien, sans aucune méchanceté. Aujourd'hui, plutôt que d'entretenir une douloureuse et amère rancune, je choisis de leur pardonner pour ce passé qui ne peut pas, qui ne pourra jamais être réparé. Je choisis de continuer à les aimer.

Mais... depuis que je suis la fille de ma « sœur », je suis en deuil de cette sœur ainée, parce qu'Yvonne dans ma tête et dans mon cœur, c'est ma grande sœur!

À cause du secret dévoilé, rien ne sera plus jamais comme autrefois, même si rien n'a changé . . .

21. La suite...

Ça fait des semaines que je veux rencontrer Roland! Depuis le départ d'Yvonne, c'est devenu presqu'une obsession. Je connais la couleur, la marque d'auto et le numéro du taxi de Roland. Le hasard fait que je le vois souvent et partout en ville, et alors, je voudrais m'élancer vers lui et me présenter, lui présenter sa fille.

Mais c'est impossible, puisqu'à chaque fois que j'aperçois Roland, je suis avec Bob qui s'oppose obstinément à ce que je me manifeste à cet homme qu'il qualifie « d'étranger ».

> —Qu'est-ce que ça va changer? Pourquoi tu irais déranger son existence et sa famille ? Il a sa vie, tu as la tienne et tout est parfait comme ça. Laisse donc faire!

Dans nos interminables discussions, quand je tente tant bien que mal d'exprimer comment je me sens dans cette quête de vérité, Bob reste inflexible. Cependant, je considère que cette situation ne le concerne absolument pas. Sachant qu'il a lui-même été adopté, je suis persuadée que ça l'inquiète que j'aille au-devant de mes origines, alors que lui ne veut rien savoir des siennes. Est-ce qu'il craint que ça change des choses en moi, auxquelles il serait confronté?

En dépit de mes explications, je vois bien qu'il ne comprend pas mon besoin viscéral de connaître l'homme à qui je dois la vie... S'il était complice, s'il m'accompagnait dans cette démarche... Pour éviter la chicane, je me dis : « *quand tu ne seras pas avec moi, mon cher mari, je ferai bien ce que je veux, personne ne pourra m'en empêcher. Je vais rencontrer Roland, coûte que coûte!* »

C'est un magnifique après-midi du mois d'août, je vais faire des achats, seule, aux Galeries de la Capitale. Par inattention ou signe du destin, je ne sais pas, mais... me voici devant chez Sears, au centre d'achat Place Fleur-de-Lys. L'auto dont je n'ai pas pu m'approcher, celle que je vois immanquablement, celle que je trouve sans la chercher... elle est là, juste devant moi, à l'entrée principale du magasin. Je l'ai repérée à distance, et pourtant, ce n'est qu'une automobile noire, classique, identique à des centaines d'autres; mais, déterminée comme je le suis, je pourrais la reconnaître entre mille.

Voilà ma chance! Folle de joie et prête à foncer, je me stationne très vite, à proximité du stand de taxi. Sans hésiter, je me dirige à grands pas vers la voiture de Roland. Le chauffeur qui lit tranquillement son journal ne s'attend pas à la surprise que je lui réserve. D'un pas décidé mais en douceur, je m'approche de lui. Je dépose mes avant-bras sur le rebord de la vitre baissée, mon visage vis-à-vis le sien. Sans sursauter, Roland tourne la tête vers moi, et il me regarde avec un large sourire et un « Bonjour ! » débordant de chaleur.

—Bonjour Roland... Je suis la fille d'Yvonne.

Il dépose calmement « Le Soleil [7] » sur le siège du passager et il me tend la main droite pour amorcer une poignée de main qui restera gravé dans ma mémoire, tant son geste est sincère.

—Yvonne m'a téléphoné pour me dire que tu voulais me rencontrer.

—Oui, je sais... je voulais absolument te connaître!

—Ma femme était au courant pour toi mais pas mes deux garçons, ni ma fille. Quand Yvonne m'a appelé pour me dire que tu voulais me voir, j'ai expliqué la situation à mes enfants. Les gars ont compris que j'avais eu une vie avant leur mère. C'est pas pareil pour ma fille, elle, elle l'a pas pris pantoute. Ça ben l'air qu'elle veut pas partager son père, hein! suppose Roland, avec un clin d'œil discret.

---

7 Le Soleil est un journal quotidien publié à Québec.

Une cliente nous interrompt en ouvrant la portière arrière du taxi et elle demande à être conduite quelque part.

—Roland, si je te vois encore dans ton taxi, par chance comme aujourd'hui, est-ce qu'on pourrait se parler à nouveau?

—Certain... me répond-il d'un ton enjoué, les yeux rieurs. Pourquoi pas!

Épilogue

À plusieurs reprises, au gré de nos rencontres, Roland m'a invitée à m'asseoir à côté de lui, dans son taxi. Nous jasions un peu, trop peu. Le temps s'arrêtait tellement c'était précieux pour moi. Un jour, encore par hasard, je l'ai rencontré et il m'a présenté sa femme. Elle s'est avancée vers moi et à mon grand étonnement, elle m'a prise chaleureusement dans ses bras en me disant combien elle était contente de faire ma connaissance. Un geste spontané pour m'accueillir, Berthe, la fille illégitime de son mari.

Deux ans plus tard, même après avoir espéré que rien ne changerait, j'ai divorcé et je suis déménagée en Estrie. Je n'ai plus revu Roland. Je lui ai téléphoné une fois pour prendre de ses nouvelles. Mais, je ne me suis jamais imposée à sa famille... Je n'ai jamais rencontré mes demi-frères et ma demi-sœur.

Quinze années ont passé. J'ai appelé Roland pour ses 90 ans. Sa femme m'a appris qu'il était malade depuis plusieurs années. Ça m'a donné un dur coup!

Je vais le visiter à la Maison Alzheimer. Il est beau et calme. Je sais qu'il ne me reconnait pas, mais j'ai quand même, l'espace d'une minute, le privilège de voir son sourire gamin juste pour moi. Cet homme est bon et j'aurais donc aimé le connaître plus tôt et sans entrave...

À 83 ans, Fred a été hospitalisé. Ce soir-là, c'est moi qui étais à son chevet. Ensemble, nous avons partagé un beau moment de complicité : je lui ai fait déguster la crème glacée « défendue » qu'il aimait tant. Ses yeux brillaient de joie et ce bonheur n'appartenait qu'à nous deux. Cet instant de grâce, avant son dernier souffle, restera gravé en moi à jamais.

Justine a suivi son Fred, dix ans plus tard. À 90 ans, elle était paisible. J'ai eu le temps de lui dire ma reconnaissance pour tout ce qu'elle a sacrifié pour moi. « Ça pas été un sacrifice », qu'elle m'a dit, « t'as été un cadeau du ciel ».

Yvonne vit encore dans sa villa de la Floride où je lui rends visite chaque hiver. Toujours en pleine forme à 88 ans, elle s'est mariée une troisième fois, l'année dernière.

J'ai écrit ce livre en hommage à mes parents.

Un témoignage d'amour pour maman et papa,

Justine et Fred.

Juillet 2019

Pour joindre l'auteure

mariebertheleblanc@gmail.com

www.MarieBertheLeblanc.com

Ce livre a été traduit en anglais sous le titre

BERTHE My Mother's Silence

Mise à jour de la loi au Québec

Il y a de l'espoir pour les adoptés et les parents pour qu'enfin, ils se retrouvent les uns et les autres, suite à l'adoption de

La loi 113, le 16 juin 2018

Le sceau de confidentialité a été levé sur plus de 300 000 dossiers d'adoption!

- le scellé qui empêchait les adoptés de connaître leurs origines-

- - - - -

Cette loi donne désormais aux orphelins et aux enfants adoptés dans les années **1920 à 1970,** *l*a possibilité de connaître l'identité de leurs parents biologiques.

www.quebec.ca/info-adoption

. . . MES PENSÉES . . .

www.ingramcontent.com/pod-product-compliance
Ingram Content Group UK Ltd.
Pitfield, Milton Keynes, MK11 3LW, UK
UKHW021913190726
13853UKWH00002B/656

9 782981 833907